FÜR DIE SCHULE

Das kann ich!
Textaufgaben 2. Klasse
einfach lösen

von Andrea Tonte
Illustrationen von Guido Wandrey
Coverillustration von Franziska Harvey

TESSLOFF

Vorwort

Liebe/r _____ ,

du möchtest beim Lösen von Textaufgaben mehr Sicherheit gewinnen?
Dann ist dieses Heft genau das Richtige für dich!

So arbeitest du mit diesem Übungsheft:

→ Im Kapitel **Textaufgaben lösen lernen** erfährst du, wie du Textaufgaben Schritt für Schritt lösen kannst.

→ Hast du an alles gedacht? Die Seite **Alle Tipps auf einen Blick** zeigt dir die Lösungsschritte im Überblick.

→ Im Übungsteil findest du jede Menge Textaufgaben im **Zahlenraum bis 100** und zum **Rechnen mit Größen**. Hier trainierst du auch das Lösen von **Zahlenrätseln** und ersten **Kombinatorikaufgaben**.

→ Auf manchen Seiten siehst du am Rand einen kleinen **Lernkasten**. Die **Tipps** darin helfen dir beim Lösen der Aufgaben.

→ Hast du alles richtig? Sieh einfach selbst in den **Lösungen** nach.

Jetzt bist du fit im Lösen von Textaufgaben!

Viel Spaß und Erfolg!

Inhaltsverzeichnis

Textaufgaben genau lesen

→ **Lies** den Text immer **ganz genau**. Nimm dir Zeit dafür und beginne noch nicht mit dem Rechnen. Versuche, dir die Rechengeschichte in Bildern vorzustellen. Du kannst die Geschichte auch jemandem erzählen oder vorspielen.

1 Lies den Text langsam durch. Decke den Text dann ab und erzähle die Geschichte mit eigenen Worten. Kreuze richtig an.

Am letzten Schultag vor den Sommerferien geht die Klasse 2 a mit ihrer Lehrerin in die Eisdiele. Antonio, der Eisverkäufer, hat heute schon 24 Kugeln Schokoladeneis verkauft. Jedes Kind darf sich 2 Kugeln aussuchen.

Wohin geht die Schulklasse?

☐ in das Schwimmbad ☒ in die Eisdiele ☐ in den Zoo

Welche Klasse geht dorthin?

☒ 2 a ☐ 2 b ☐ 2 c

Wann geht die Schulklasse dorthin?

☐ am letzten Schultag vor den Osterferien

☐ am ersten Schultag nach den Sommerferien

☒ am letzten Schultag vor den Sommerferien

Wie viele Kugeln Schokoladeneis hat Antonio heute schon verkauft?

☐ 42 Kugeln ☐ 14 Kugeln ☒ 24 Kugeln

Wie viele Kugeln bekommt jedes Kind?

☐ 1 Kugel ☒ 2 Kugeln ☐ 3 Kugeln

Die Lösbarkeit prüfen

→ Manchmal lassen sich Textaufgaben nicht lösen. Entweder passt die Frage nicht zur Geschichte oder es fehlen dir Zahlen, um die Aufgabe ausrechnen zu können. Du brauchst **mindestens zwei Zahlenangaben** für jede lösbare Aufgabe.

1 Sind diese Aufgaben lösbar? Kreuze an.

Emilia hat 35 Äpfel gepflückt. Davon sind 14 Äpfel rot. Die anderen Äpfel sind grün.

Wie viele Äpfel sind grün?

☒ lösbar ☐ nicht lösbar

Inga schreibt Einladungskarten für ihr Geburtstagsfest. 5 Karten wird sie an Mädchen und 4 Karten an Jungen verteilen.

Wie viele Kinder sind eingeladen?

☒ lösbar ☐ nicht lösbar

2 Welche Fragen kannst du beantworten? Kreuze sie an.

Ben sammelt Spielfahrzeuge. Er besitzt 5 rote und 9 blaue Rennautos, 3 Motorräder, 1 Lastwagen, 2 Polizeiautos und 1 Krankenwagen. Bei 3 Fahrzeugen fehlt jeweils 1 Reifen.

Wie viele Spielfahrzeuge besitzt Ben? ☒

Welche Farbe hat der Lastwagen? ☐

Wer hat Ben den Krankenwagen geschenkt? ☐

Wie viele Reifen haben alle Fahrzeuge zusammen? ☒

Warum haben 3 Fahrzeuge nur 3 Reifen? ☐

Rechenwörter erkennen und verstehen

→ Achte auf **Rechenwörter** oder Hinweise im Text, die dir sagen, ob du plus, minus, mal oder geteilt rechnen musst.

1 Trage ein, wie die Rechenzeichen heißen.

geteilt minus mal plus

⊕ *plus*   ⊙ *mal*

⊖ *minus*   ⊙ *geteilt*

2 Welches Rechenzeichen passt? Verbinde richtig.

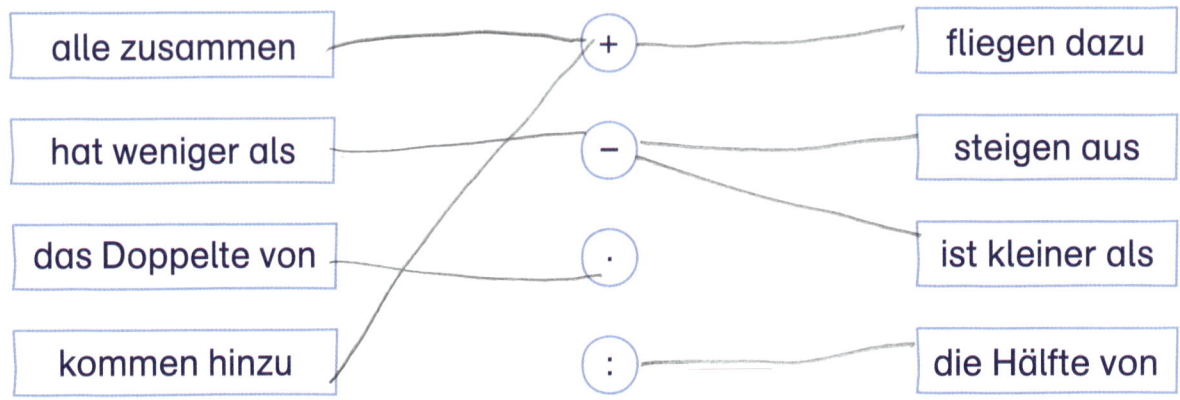

alle zusammen		fliegen dazu
hat weniger als	⊕	steigen aus
das Doppelte von	⊖	ist kleiner als
kommen hinzu	⊙ ⊙	die Hälfte von

3 Lies die Aufgaben aufmerksam durch. Trage die Zahlen, die zum Rechnen wichtig sind, in die Tabelle ein. Kreise das passende Rechenzeichen ein.

Aufgabe	Zahl	Zahl	
15 Kinder sitzen im Bus. An der nächsten Haltestelle steigen 14 Kinder dazu.			+ − · :
Für eine Packung Bauklötze zahlt Peter 2 €. Er kauft sich 3 Packungen.			+ − · :
Petra hat 28 Schokoküsse dabei. Jedes Kind bekommt 4 Schokoküsse.			+ − · :
Sascha feiert seinen 18. Geburtstag. Sein Bruder ist 6 Jahre jünger.			+ − · :

→ In Textaufgaben stehen manchmal Zahlen, die du nicht zum Ausrechnen brauchst. Lies dir die Frage genau durch und überlege dir, was du ausrechnen sollst. **Unterstreiche** dann **die wichtigen Angaben** und streiche Unwichtiges durch.

1 Lies die Aufgabe und die Frage genau durch.

Im Vorratskeller der Hexe befinden sich 3 Regale mit Zaubertränken. Im ersten Regal stehen 8 Zaubertrankgläser. Davon sind 3 grün, 5 blau und keines rot. Im zweiten Regal stehen 6 Zaubertrankgläser und es krabbeln 5 Vogelspinnen darin herum. Im dritten Regal befinden sich 2 Ratten, 1 Totenkopf und 3 Zaubertrankgläser.

F: Wie viele Zaubertrankgläser besitzt die Hexe insgesamt?

2 Unterstreiche in der Aufgabe alle Angaben, die du zum Rechnen brauchst. Streiche alles durch, was zum Rechnen nicht wichtig ist.

3 Rechne aus und schreibe eine passende Antwort auf.

R: 8 + _____ + _____ = _____

A: Die Hexe besitzt insgesamt _____ Zaubertrankgläser.

Den Sinn erkennen

➜ Prüfe bei Textaufgaben immer, ob das Ergebnis überhaupt stimmen kann. Rechne mit der Umkehraufgabe noch einmal nach, wenn du dir nicht sicher bist. Denke auch an die richtige Einheit.

1 Lies den Text aufmerksam durch. Setze die Wörter und Angaben in die richtigen Lücken ein.

12	30 min	4,5 cm	30 ct
2 m	7.30 Uhr	1,50 €	Afrika	12 Jahre

Lars und Hanna gehen heute in den Zoo. Sie stehen deshalb schon um ___7. Uhr 30___ auf. Die Fahrt in den Tierpark dauert ___30 min___.

Dort angekommen begrüßen sie zuerst die ___12 Jahre___ alte Elefantendame Kira. Sie kommt aus ___Afrika___. Dann gehen sie zu Giraffe Mona, deren Hals ___2 m___ lang ist. Nun machen sie eine Pause. Jeder kauft sich eine Limo für ___1,50€___ und einen Lutscher für ___30, ct___. Wieder frisch und munter sehen sie sich noch viele andere Tiere an. Sie laufen auch über die Hängebrücke, auf der noch ___12___ andere Personen stehen. Besonders fasziniert sind sie von der Giftschlange, deren Giftzahn ___4,5 cm___ lang ist.

8

Die Rechenfrage finden

→ Manchmal musst du die **Rechenfrage** selbst finden. Stell dir
dazu noch einmal die Aufgabe als Geschichte vor. Was passiert?
Was könntest du in dieser Geschichte ausrechnen?

1 Bei welcher Frage musst du rechnen? Kreuze an.

Martin und Kathy spielen mit Würfeln.
Kathy würfelt eine 3, eine 5 und eine 1.
Martin würfelt eine 2, eine 6 und eine 4.

Wie oft hat Kathy gewürfelt?   3

Wie viele Würfelaugen hat Martin zusammen?   12

Welche Würfelzahl war Kathys höchste?   5

2 Finde die Rechenfragen zu den folgenden Aufgaben.

Die Katzen auf dem Huberhof werden gefüttert. 6 Katzen
fressen bereits aus ihren Näpfen. Das riechen die anderen
3 Katzen und kommen angelaufen.

F:

Herr Beier geht mit seinen beiden Kindern in ein Konzert. Das Konzert
beginnt um 16 Uhr. Die Eintrittskarten kosten für Erwachsene 5 € und
für Kinder 2 €.

F:

Die Antwort finden

→ Die **Antwort** muss immer genau die Frage beantworten. Lies dir daher die Frage noch einmal durch, bevor du die Antwort aufschreibst. Achte darauf, ob Einheiten in der Frage stehen. Diese müssen in der Antwort wieder vorkommen.

1 Finde zu jeder Aufgabe die passende Rechnung und Antwort. Male sie in der gleichen Farbe aus. Vervollständige Rechnung und Antwort.

Ole spielt Fußball. Seine Mannschaft hat 8 Tore geschossen. Die Gegner haben 6 Tore geschossen. Wie viele Tore fielen insgesamt?

Fanni fährt zum Fußballstadion. Im Zug zählt sie 14 Fußball-fans. 6 Fußballfans steigen schon eine Station früher aus. Wie viele Fans sind noch im Zug?

Franziska sammelt Fußballbilder. Sie hat 2 Stapel. In jedem Stapel liegen 7 Bilder. Wie viele Bilder hat Franziska?

8 + 6 = _____

Sie hat _____ Bilder.

2 · 7 = _____

Es fielen _____ Tore.

14 − 6 = _____

Es sind noch _____ Fans im Zug.

Frage - Rechnung - Antwort

→ Eine Textaufgabe besteht immer aus diesen drei Teilen:

F: Frage   **R**: Rechnung   **A**: Antwort

1 Finde zwei mögliche Fragen. Rechne dann aus und schreibe die passenden Antworten auf.

Anette wünscht sich ein Aquarium. In einem Geschäft sieht sie ein Aquarium mit Fischen für insgesamt 99 €. Darin schwimmen 27 blaue und 13 gelbe Fische. Nur die Fische ohne das Becken würden 20 € kosten.

F:

R:

A:

F:

R:

A:

Zeichnungen anfertigen

→ Mit einer **Zeichnung** kannst du dir die Rechengeschichte oft besser vorstellen. Zeichnungen helfen dir auch, die Zahlenangaben zu sortieren. Besonders bei Aufgaben zur Zeit (h, min) oder zu Längen (m, cm) sind Zeichnungen hilfreich.

1 Zeichne die Bilder fertig. Rechne aus und antworte.

Schnappi hat 7 Würstchen beim Metzger stibitzt. Er frisst 4 davon auf.

F: Wie viele Würstchen bleiben übrig?

Zeichnung:

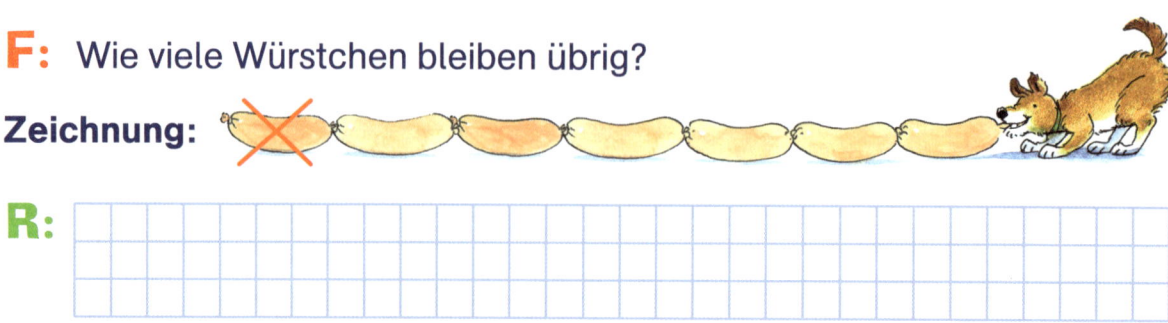

R:

A: Es bleiben _____ Würstchen übrig.

Maria hat ihre 15 Bücher geordnet. Im linken Regal befinden sich 4 Bücher. Im mittleren Regal sind doppelt so viele.

F: Wie viele Bücher stehen im rechten Regal?

Zeichnung:

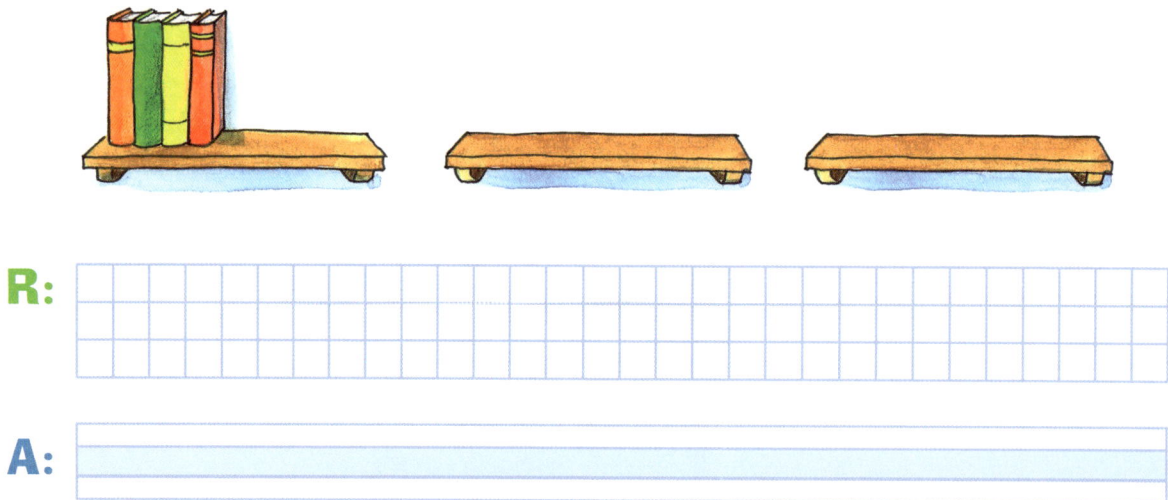

R:

A:

→ **Tabellen** helfen dir, wenn du die Anzahlen von vielen verschiedenen Dingen übersichtlich darstellen möchtest. Lege dir eine Tabelle mit Strichliste an, dann hast du einen besseren Überblick.

1 Lege eine Tabelle mit Strichliste an. Beantworte dann die Fragen.

Die Kinder der Klasse 2c stimmen heute darüber ab, wohin der nächste Ausflug gehen soll.

Ina: Bücherei	Maxi: Museum	Jozo: Bücherei	Paulina: Zoo
Vivien: Zoo	Silvan: Wald	Laura: Wald	Nico: Museum
Emilia: Zoo	Mahmut: Burg	Merlin: Wald	David: Burg
Antonia: Burg	Claudia: Burg	Martina: Museum	Lena: Wald

Bücherei				

F: Wie viele Kinder möchten ins Museum gehen?

A:

Zähle zusammen, wie viele Kinder am liebsten in den Wald oder zur Burg möchten.

R:

A:

Schaubilder lesen

→ Bei **Diagrammen** geht es um genaues Ablesen und Vergleichen. Nimm dir dafür genügend Zeit. Schau dir die Einheiten im Diagramm genau an. Dann kannst du die Fragen leicht ausrechnen und beantworten.

1 Sieh dir das Schaubild genau an.

In der Skischule Pulverweiß werden die Kinder heute in folgende Gruppen eingeteilt:

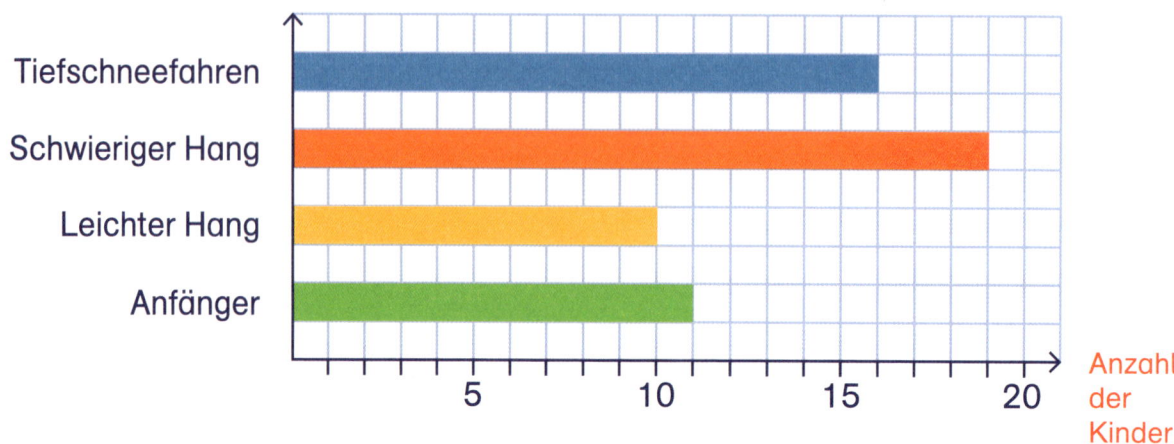

2 Beantworte die Fragen.

In welcher Gruppe sind die meisten Kinder?

_____

Wie viele Kinder sind beim Tiefschneefahren? _____

3 Was stimmt? Kreuze an.

☐ Der Anfängerkurs hat die meisten Teilnehmer.

☐ Es fahren mehr Kinder am schwierigen Hang als im Tiefschnee.

☐ Die wenigsten Kinder machen einen Anfängerkurs.

☐ In der Gruppe der Tiefschneefahrer sind die zweitmeisten Kinder.

→ Eine Textaufgabe besteht immer aus 3 Teilen:

F: Frage   **R:** Rechnung   **A:** Antwort

So gehst du beim Lösen vor:

1. Lies zuerst den **Text** genau durch. Beginne noch nicht mit dem Rechnen.

2. Erzähle die **Rechengeschichte** mit deinen eigenen Worten und stelle sie dir in Bildern vor.

3. Unterstreiche alle wichtigen **Angaben**.

4. Wie heißt die **Frage**? Musst du die Frage selbst finden? **F**

5. Überlege, ob dir eine **Zeichnung**, eine **Tabelle** oder ein **Diagramm** beim Lösen helfen kann.

6. Achte auf die **Rechenwörter** und überlege dir, ob du plus, minus, mal oder geteilt rechnen musst.

7. Rechne **schrittweise**. **R**

8. Kontrolliere, ob dein Ergebnis stimmen kann. Rechne die **Umkehraufgabe**.

9. Lies die Frage noch einmal durch und finde einen passenden **Antwortsatz** dazu. **A**

Plus- und Minusaufgaben bis 100

1 Schreibe die Geschichte als Rechnung auf und finde eine passende Antwort.

42 Fledermäuse sind aus der alten Villa ausgeflogen.	Nun flattern 15 weitere Fledermäuse hinterher.	Wie viele Fledermäuse sind insgesamt ausgeflogen?
↓	↓	↓

R: _____ + _____ = _____

A: Insgesamt sind _____ Fledermäuse ausgeflogen.

Fledermaus Ignazia fängt 75 Fliegen.	Davon gibt sie 35 Fliegen an ihr Junges ab.	Wie viele Fliegen hat Ignazia noch für sich selbst?
↓	↓	↓

R: _____ – _____ = _____

A: Ignazia hat für sich selbst noch _____ Fliegen.

2 Rechne aus und schreibe die Antwort auf.

Das Eichhörnchen sammelt Nüsse für seinen Wintervorrat.
Es hat schon 27 Haselnüsse und 31 Walnüsse gefunden.

F: Wie viele Nüsse sind das zusammen?

R:

A:

Das Eichhörnchen hat Hunger und frisst aus seinem Vorrat 9 Nüsse auf.

F: Wie viele Nüsse hat es jetzt noch?

R:

A:

3 Sieh dir die Aufgabe an. Finde die Frage und rechne aus.

Vanessa hat 15 neue Sticker bekommen. Sie hat nun 66 Sticker
in ihrem Album.

F:

R: ? + _____ = _____

! Hier hilft die Umkehraufgabe.

_____

A: Vanessa hatte vorher _____ Sticker.

Plus- und Minusaufgaben bis 100

4 Rechne die Aufgaben in deinem Heft aus. Finde die passende Antwort.

Gartenzwerg Ferdinand guckt um die Ecke und meint: „Von meinen 48 angesäten Sonnenblumenkernen sind 16 nicht aufgegangen."

F: Wie viele Sonnenblumen blühen im Garten von Gartenzwerg Ferdinand?

Sandra und Finn spielen Karten.
Wer die meisten Punkte hat, gewinnt.

F: Wer gewinnt?

Sandra:

Finn:

Maulwurf Theo ist ganz aus der Puste: „Heute habe ich 2 Hügel gebaut. Für den ersten Hügel habe ich 21 Steine aus der Erde ausgegraben und für den zweiten waren es 17 Steine, puh!"

F: Wie viele Steine hat Theo insgesamt ausgegraben?

Indianermädchen „Weiße Sonne" sortiert ihre gesammelten bunten Federn. Insgesamt besitzt sie 100 Federn. Sie hat 21 rote, 48 blaue, 6 gelbe und auch noch grüne Federn.

F: Wie viele Federn sind grün?

5 Rechne in deinem Heft. Finde Frage, Rechnung und Antwort.

Die Mäuse stibitzen bei Familie Huber 23 Stück Käse, bei Familie Janson 47 Stück und bei Familie Lutz holen sie sich 13 Stück Käse.

Sharif-al-Ochmad besitzt 87 fliegende Teppiche. Davon sind aber 53 so stark verschmutzt, dass er sie in die Orientwäscherei geben muss.

Im Garten von Opa Kustermann fliegen 26 Bienen, 41 Wespen und 32 Hummeln. Dann fliegen einige Bienen, Wespen und Hummeln in den Nachbargarten zu Herrn Pfister. Jetzt summen nur noch 78 Tierchen im Garten von Opa Kustermann.

Anna und Tom tauchen nach Muscheln. Anna findet 43 Muscheln und Tom findet 36 Muscheln. Davon schenken sie ihrer Freundin Leah 25 Muscheln.

Schickimicka sammelt Schuhe. Sie besitzt 25 Paar Sandalen, 19 Paar Tanzschuhe und 37 Paar Stiefel.

Maria hat 34 CDs in ihrem Regal. In der grünen Kiste befinden sich noch 8 weitere CDs. In der roten Kiste sind doppelt so viele wie in der grünen Kiste.

Mal- und Geteiltaufgaben mit 5 und 10

1 Zeichne fertig. Rechne aus und trage die Antwort ein.

Bäuerin Liesl verkauft in ihrem Hofladen Eier.
Immer 10 Eier sind in einer Schachtel.
Heute hat sie 7 volle Schachteln verkauft.

F: Wie viele Eier hat Liesl verkauft?

R: 10 + 10 + 10 + 10 + 10 + _____ + _____ = _____

_____ · _____ = _____

A: Liesl hat _____ Eier verkauft.

Die Katzen auf dem Bauernhof haben Nachwuchs. Bäuerin Liesl bringt
jeden Abend 20 Katzenbabys in ihre Körbchen. In jedem Korb haben
5 Babys Platz.

F: Wie viele Körbe braucht die Bäuerin für ihre Katzenbabys?

R:

A:

Mal- und Geteiltaufgaben mit 5 und 10

2 Lies die Aufgabe genau und rechne aus.

Emma hat für ihren Geburtstag 15 Luftballons aufgeblasen. Sie verteilt die Luftballons gerecht zwischen sich und ihren 4 Gästen.

F: Wie viele Luftballons bekommt jedes Kind?

R:

A: Jedes Kind bekommt _____ Luftballons.

3 Lies die Aufgaben genau und rechne aus.

Emma verteilt 25 Mini-Schokoküsse gerecht zwischen sich und ihren 4 Geburtstagsgästen.

F: Wie viele Mini-Schokoküsse bekommt jedes Kind?

R:

A: Jedes Kind bekommt _____ Mini-Schokoküsse.

Zum Abschluss darf jedes der 5 Kinder gleich viele Kerzen der Geburtstagstorte anzünden. Emma ist 10 Jahre alt geworden.

F: Wie viele Kerzen darf jedes Kind anzünden?

R:

A:

Mal- und Geteiltaufgaben mit 2, 4 und 8

1 Schau dir die Bilder an und rechne aus.

Wie viel kostet der Eintritt für 7 Kinder?

Der Eintritt kostet _____ €.

Julius hat doppelt so viele Bälle.

Er hat _____ Bälle.

2 Zeichne fertig. Rechne aus und trage die Antwort ein.

In der Höhle von Waldzwerg Guarg leben 6 Spinnen. Jede Spinne hat 8 Beine.

F: Wie viele Spinnenbeine haben alle Spinnen zusammen?

R:

A:

Um die Ratten in der Höhle zu beruhigen, verteilt Waldzwerg Guarg 36 Knödel. Jede Ratte bekommt 4 Knödel.

F: Wie viele Ratten gibt es in der Höhle?

R:

A:

3 Löse die Aufgaben in deinem Heft.

Lars ist ein eifriger Leser. Er liest jeden Tag 8 Seiten in seinem spannenden Buch. Das Buch hat 80 Seiten.

F: Wie viele Tage braucht Lars, um sein Buch fertig zu lesen?

An seinem Süßigkeitenstand auf dem Jahrmarkt hängt Herr Lindner immer 8 Lebkuchenherzen auf einen Ständer. Er hat insgesamt 4 Lebkuchenständer.

F: Wie viele Lebkuchenherzen hängt Herr Lindner auf?

Linus, Theresa, Anton und Felix gehen im Wald auf Schatzsuche. Sie finden eine Schatzkiste mit 20 Glitzeraufklebern und 16 Fußballaufklebern. Sie legen alle Aufkleber zusammen und verteilen sie dann gerecht unter sich.

F: Wie viele Aufkleber bekommt jedes Kind?

Am Moorsee gibt es einen Tretbootverleih. Gerade fahren 9 Tretboote auf dem See. In jedem Tretboot sitzen 4 Personen.

F: Wie viele Personen fahren Tretboot?

Charlotta bastelt mit ihren 7 Freundinnen Ketten. Die 8 Mädchen teilen die insgesamt 56 Schmucksteine gerecht untereinander auf.

F: Wie viele Schmucksteine kann jedes Kind auf seine Kette fädeln?

Gemischte Mal- und Geteiltaufgaben

1 Rechne aus.

Alex verteilt Spielzeugflieger an seine 8 Freunde. Er schenkt jedem 2 Flieger.

F: Wie viele Flieger verschenkt Alex?

R:

A: Alex verschenkt _____ Flieger.

In einer Packung waren 8 Stück.

F: Wie viele Packungen Spielzeugflieger hatte Alex?

R:

A: Alex hatte _____ Packungen Spielzeugflieger.

2 Löse die Aufgaben in deinem Heft.

„In 3 Wochen habe ich Geburtstag!", freut sich Felix.

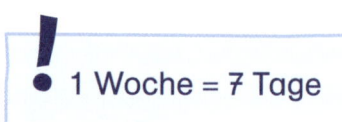

! 1 Woche = 7 Tage

F: Wie viele Tage muss er noch auf seine Feier warten?

Manuel bringt vom Erdbeerfeld 24 Erdbeeren mit in die Schule. Die Hälfte verteilt er in der Pause an seine 3 Freunde. Die andere Hälfte behält er selbst.

F: Wie viele Erdbeeren bekommt jeder der 3 Freunde?

24

1 Zeichne ein, rechne aus und beantworte die Fragen.

Frau Flora von der Gärtnerei Duftblume bindet im November Advents-
kränze. Auf jeden Kranz sollen 4 Kerzen. Sie hat insgesamt 18 Kerzen.

F: Wie viele Kränze kann sie binden?
Wie viele Kerzen bleiben übrig?

R: 18 : 4 = ?

16 : 4 = _____

18 : 4 = _____ R _____

A: Frau Flora kann _____ Kränze binden.

Es bleiben _____ Kerzen übrig.

2 Bündle, rechne aus und beantworte.

Nun packt Frau Flora 46 Duftseifen in Geschenkkartons.
In einen Karton passen 6 Duftseifen.

F: Wie viele volle Geschenkkartons gibt es und wie viele Seifen
bleiben übrig?

R:

A: Frau Flora kann _____ Geschenkkartons füllen.

_____ Seifen bleiben übrig.

Geteiltaufgaben mit Rest

3 Löse die Aufgaben in deinem Heft. Denke an Frage, Rechnung und Antwort.

Sabrina bastelt Sonnenblumen. Zur Verzierung klebt sie 3 Käfer auf jede Sonnenblume. Sie hat 16 Käfer.

Paul und seine 12 Freunde möchten Riesenrad fahren. 2 Kinder fahren immer zusammen in einer Gondel.

32 Bonbons werden gerecht an 10 Kinder verteilt.

Beim Vogelkonzert sitzen immer 5 Vögel auf einem Ast. Es möchten 27 Vögel mitzwitschern.

Auf dem Straßenfest möchten 35 Kinder beim Ponyreiten mitmachen. Es können immer 4 Ponys gleichzeitig eine Runde gehen. Auf jedem Pony sitzt ein Kind.

Auf dem Wochenmarkt packt Bauer Josef immer 6 Äpfel in einen Beutel. Josef möchte 57 Äpfel verkaufen.

Hexe Botanica möchte 70 Tulpenzwiebeln in ihren Vorgarten pflanzen. Es passen immer 8 Zwiebeln in eine Reihe.

1 Zeichne den Weg des Räubers ein und beantworte die Fragen.

Räuber Heckenstiel spaziert von seiner Höhle zuerst zur Oma, um dort Kuchen zu holen. Dann geht er weiter zum Seppl und stiehlt ihm den Sepplhut. Anschließend besucht er den Zauberer Fiesenzahl, um neue Tricks zu lernen. Danach läuft er zum Weiher und angelt sich sein Mittagessen.

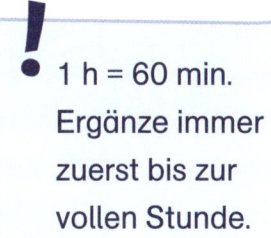

! 1 h = 60 min. Ergänze immer zuerst bis zur vollen Stunde.

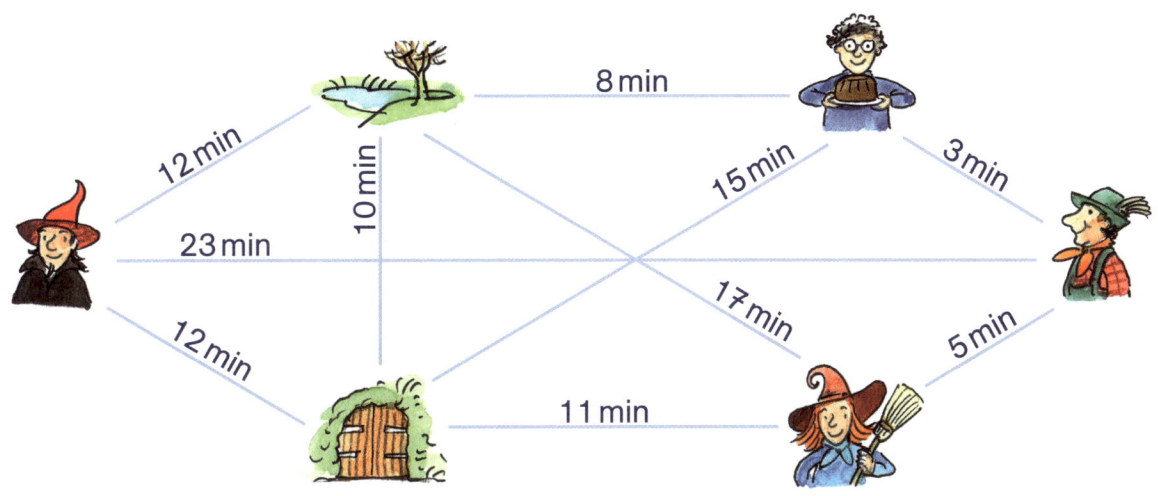

8 min

12 min

10 min

15 min

3 min

23 min

17 min

12 min

5 min

11 min

F: Wie viele Minuten läuft der Räuber bis zum Weiher?

R:

A: Der Räuber läuft _____ min bis zum Weiher.

F: Nach dem Essen besucht er noch die Hexe. Wie lange ist er heute insgesamt unterwegs, bis er wieder in seiner Höhle ankommt?

R:

A:

Rechnen mit Zeit

2 Rechne in deinem Heft.

Toms Torwarttraining beginnt um 16.30 Uhr und endet um 17.25 Uhr.

F: Wie viele Minuten dauert das Training?

Sophie singt im Schulchor. Die Chorstunde beginnt um 14.30 Uhr und dauert 90 min.

F: Wann ist die Chorstunde zu Ende?

Philipp braucht 20 min bis zur Basketballhalle. Er verlässt um 15.40 Uhr das Haus, um pünktlich zu sein.

F: Um wie viel Uhr beginnt das Training?

Linas Kletterkurs beginnt um 15.00 Uhr. 10 min vor Beginn des Trainings ist sie von zu Hause losgegangen.

F: Wie spät war es, als Lina losging?

! Gib das Ergebnis in Stunden und Minuten an.

Nataschas Töpferkurs dauert 60 min. Für den einfachen Weg dorthin braucht sie 15 min.

F: Wie lange ist Natascha von zu Hause weg?

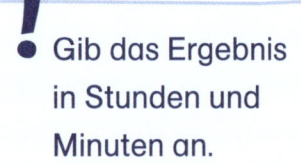

Dennis lernt Gitarre spielen. Der Unterricht dauert 45 min. Dennis ist mit seinem Gitarrenunterricht um 18 Uhr fertig.

F: Wann beginnt der Unterricht für Dennis?

1 Schau das Bild genau an. Rechne aus und finde die Antwort.

Der Waldzwerg kauft eine Lampe, eine neue Mütze und einen Apfel.

F: _____

R: _____ + _____ + _____ = _____

A: _____

Nun kauft er einen Pilz, ein Paar Schuhe und einen Tannenzapfen.
Er bezahlt mit einem 50-Euro-Schein.

F: _____

R: _____ + _____ + _____ = _____

_____ – _____ = _____

A: _____

Rechnen mit Geld

2 Lies den Text und sieh dir das Bild an. Löse die Aufgabe.

David hat zum Geburtstag 55 € geschenkt bekommen. Er geht in ein Sportgeschäft und denkt sich: „Ich möchte so viel Geld wie möglich ausgeben. Ich kaufe aber nichts doppelt!"

Was kann sich David alles kaufen? Finde mehrere Möglichkeiten.

a) 45 € + 9 € = _____

b) _____

c) _____

d) _____

3 Löse die Aufgaben in deinem Heft.

Die Klasse 2 a möchte mit dem Bus einen Ausflug in das Kindertheaterstück „Bennis wilde Abenteuer" machen. 5 Kinder können mit einem Fahrschein fahren. Die Fahrt pro Kind kostet 2 €.

F: Wie viel kostet ein Fahrschein?

Klaus, Stefan und Andi fahren ins Museum. Der Fahrschein kostet pro Kind 3 € und der Eintritt für alle drei zusammen kostet 10 €.

F: Wie viel bezahlen die drei Kinder zusammen?

1 Sieh dir das Schaubild an und rechne aus.

Die Hexen haben in der Walpurgisnacht ihren jährlichen Wettbewerb im Besenweitwurf veranstaltet. Jede Hexe hatte zwei Würfe. Welche Hexe war die Siegerin? Zähle dazu die Wurfweiten der einzelnen Hexen zusammen.

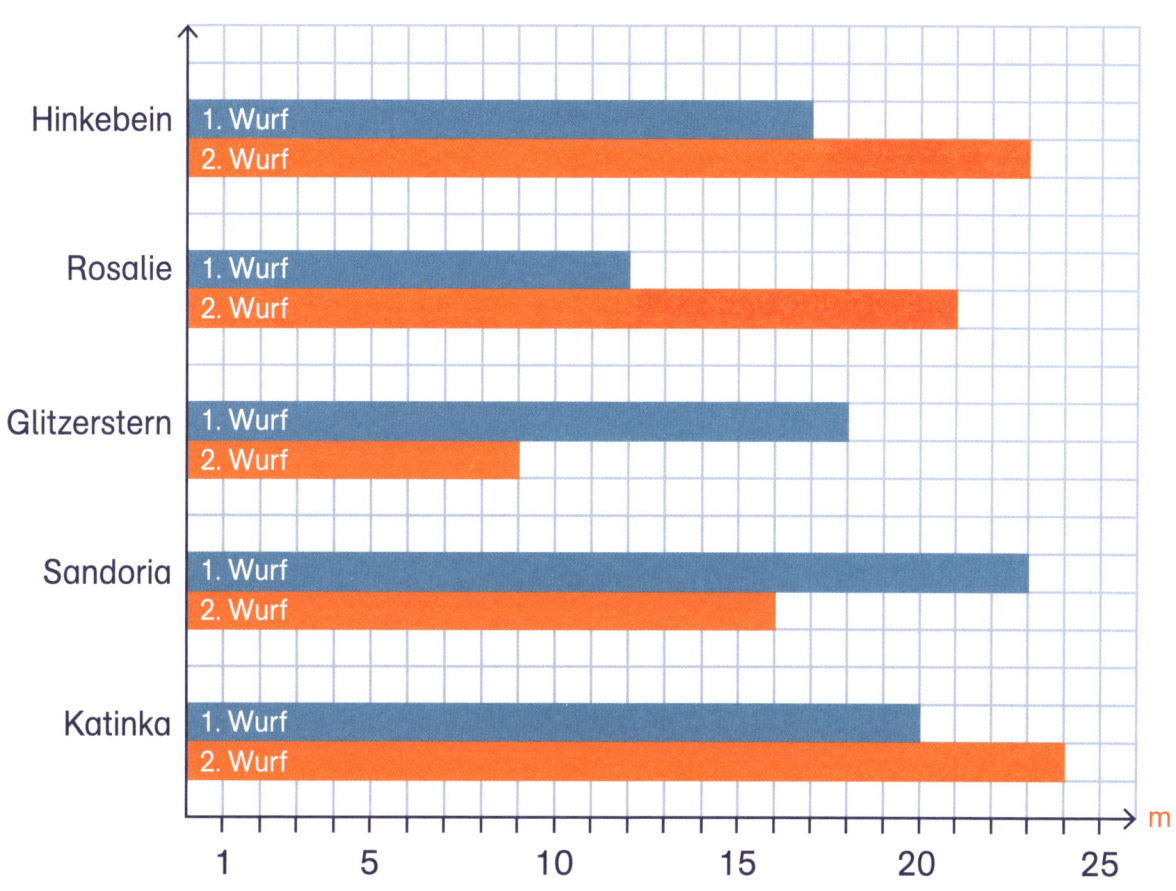

R: Hinkebein: _____ m + _____ m = _____ m

Rosalie: _____ m + _____ m = _____ m

Glitzerstern: _____ m + _____ m = _____ m

Sandoria: _____ m + _____ m = _____ m

Katinka: _____ m + _____ m = _____ m

A:

Rechnen mit Längen

2 Rechne in deinem Heft.

Im Wasserpark probiert Benjamin die Wasserrutsche aus.
Die Rutsche ist 20 m lang. Benjamin rutscht 5-mal.

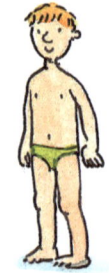

F: Wie viele Meter rutscht Benjamin insgesamt?

Bei den Bundesjugendspielen springt Andi 2,80 m weit.
Tobias schafft 40 cm mehr.

F: Wie weit springt Tobias?

Der kleine Drache Feuerwind kann sein Feuer
8 m 60 cm hoch spucken. Seine Drachenmama
schafft 9 m 40 cm.

F: Wie viele Zentimeter spuckt die Drachenmama höher?

Klapperschlange Bora schlängelt sich 2,60 m weit von
ihrem Nest bis zum Bananenbaum. Dann kriecht sie
noch 3,20 m weiter, um zur Kokospalme zu kommen.

F: Welche Strecke hat Bora zurückgelegt?

Im Eismeer schwimmt Pinguin Anton vom Eisberg zur
Eisscholle. Das sind 9 m. Er schafft die Strecke 7-mal.

F: Wie viele Meter ist Pinguin Anton geschwommen?

1 Lies die Aufgabe genau und finde die richtige Rechnung. Rechne aus und beantworte die Frage.

Anita, Markus und Basti helfen ihrer Oma bei der Gartenarbeit. Für das Rasenmähen bekommen die drei Kinder 6 € und für das Unkrautjäten 8 €. Für insgesamt 5 € kaufen sie sich auf dem Heimweg noch ein Eis. Den Rest teilen sie gerecht auf.

F: Wie viel Geld hat jedes Kind übrig?

R: _____ € + _____ € = _____ €

_____ € − _____ € = _____ €

_____ € : _____ = _____ €

A: Jedes Kind hat _____ € übrig.

2 Überlege genau und rechne aus.

Natalie vergleicht ihre Buntstifte. Der rote Stift ist 13 cm lang. Der blaue Stift ist 3 cm länger als der rote. Der grüne Stift ist nur halb so lang wie der blaue. Der gelbe Stift ist 2 cm kürzer als der rote.

F: Wie lang sind die einzelnen Stifte?

R:

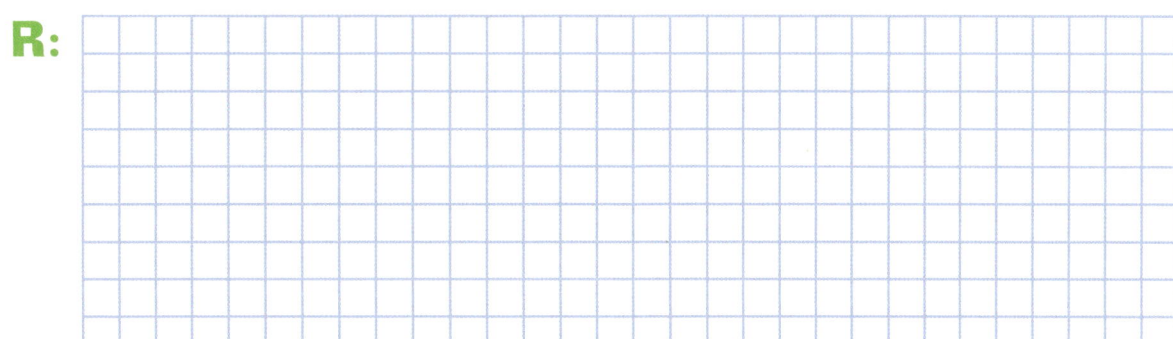

A: Der rote Stift ist _____ cm, der blaue _____ cm,

der grüne _____ cm und der gelbe _____ cm lang.

Gemischte Aufgaben

3 Rechne aus.

Folgende Törtchen stehen in der Bäckerei Süß zur Auswahl:

5 Stück	1 Stück	2 Stück
5,00 €	0,70 €	1,60 €

! • Rechne zuerst den Einzel-preis aus. Dann kannst du besser vergleichen.

F: Von welcher Sorte ist ein einzelnes Törtchen am günstigsten?

R: Preis pro Törtchen:

_____ € : _____ = _____ €

_____ € : _____ = _____ €

_____ € : _____ = _____ €

A:

4 Lies die Aufgabe genau durch, rechne aus und antworte.

29 Kinder möchten mit der Bergbahn auf den Hohen Felsenstein fahren. 9 Kinder passen in eine Gondel.

F: Wie viele Gondeln brauchen die Kinder?

R:

A:

5 Lies die Aufgabe genau und trage alle Angaben ein. Rechne dann aus.

Herr Klapper, der Leiter des Schwimmvereins „Delfine", kauft für das Schwimmtraining 3 Schwimmbretter zu je 8 € und 6 Tauchringe zu je 2 €.

F: Wie viel Geld gibt Herr Klapper aus?

R:  · _____ € = _____ €

 · _____ € = _____ €

_____ € + _____ € = _____ €

A: Herr Klapper gibt _____ € aus.

6 Rechne und finde die passende Antwort.

Tim ist im Spielwarengeschäft. Dort gibt es ein Rennauto für 36 € und ein Segelschiff für 34 €. In seinem Sparschwein waren 15 €. Oma gibt ihm noch 20 € dazu.

F: Was kann sich Tim kaufen?

R:

A:

Gemischte Aufgaben

7 Löse die Aufgaben in deinem Heft.

Im Freizeitpark fährt die wilde Löwenachterbahn.
In einen Waggon passen 6 Kinder. 42 Kinder fahren mit.

F: Wie viele Waggons sind besetzt?

Im Schwimmbecken sind bereits 7 Kinder. 3 Kinder springen noch in das Becken. Von der Wasserrutsche rutschen 6 Kinder ins Becken. Dann verlassen 4 Kinder das Becken und gehen duschen.

F: Wie viele Kinder befinden sich nun im Schwimmbecken?

Von ihrem Taschengeld kaufen Leon und Julia ihrer Mutter zum Geburtstag eine Orchidee für 21 € und einen schönen Übertopf für 7 €. Ihr Vater gibt den beiden 10 € dazu.

F: Wie viel muss jedes der Kinder bezahlen, wenn sie sich die Kosten teilen?

Auf dem Flohmarkt haben 6 Kinder zusammen 53 € verdient. Auf dem Heimweg kaufen sie sich Bonbons für insgesamt 5 €. Den Rest teilen sie gerecht untereinander auf.

F: Wie viel Geld bekommt jedes Kind?

8 Löse die Aufgaben in deinem Heft.

23 Kinder und die Lehrerin feiern ein Faschingsfest.
Die Lehrerin besorgt Würstchen für die Party.
Jeder bekommt 1 Würstchen. In einer Packung
sind 8 Würstchen.

F: Wie viele Packungen kauft die Lehrerin?

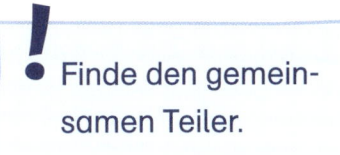

> **!** Finde den gemein-
> samen Teiler.

Emma verteilt 20 Lutscher und
35 Kaugummis gerecht an ihre
Gäste.

F: Wie viele Gäste hat Emma, wenn
Lutscher und Kaugummis genau verteilt
werden können?

Beim Schulflohmarkt machen 8 Klassen mit. Jede Klasse
bekommt einen 2 m langen Tisch für den Verkauf. Die
Verkaufstische werden alle nebeneinander in eine Reihe
gestellt. Gegenüber werden Kuchen und Getränke an
6 Tischen mit je 3 m Länge verkauft.

F: Welche Tischreihe ist länger?

Auf dem Hof von Bauer Gerhard leben 2 Katzen und
einige Hühner. Alle Tiere zusammen haben 28 Beine.

F: Wie viele Hühner hat Bauer Gerhard?

Zahlenrätsel

1 Welche Rechnung passt zum Rätsel? Kreuze an.

Wenn ich zu meiner Zahl 36 dazuzähle, erhalte ich 58.

☐ $36 - 58 = ?$ ☐ $? + 36 = 58$ ☐ $? - 36 = 58$

Wenn ich 25 von meiner Zahl abziehe, erhalte ich 28.

☐ $? = 25 + 28$ ☐ $? + 25 = 28$ ☐ $? - 25 = 28$

Wenn ich meine Zahl mit 7 malnehme, ist das Ergebnis 35.

☐ $? \cdot 7 = 35$ ☐ $35 : 7 = ?$ ☐ $7 \cdot 35 = ?$

Wenn ich meine Zahl durch 3 teile und 5 abziehe, erhalte ich 4.

☐ $3 : 5 - 4 = ?$ ☐ $? : 3 - 5 = 4$ ☐ $5 - 4 \cdot 3 = ?$

2 Jetzt bist du an der Reihe! Finde zu den Rechnungen das passende Zahlenrätsel.

$? + 26 = 88$

Wenn ich zu meiner Zahl

$? - 7 = 2 \cdot 3$

Wenn ich von meiner Zahl

3 Verbinde jedes Rätsel mit der passenden Rechnung und löse das Rätsel.

> Ich nehme meine Zahl mal 6 und erhalte 54.

> Ich teile meine Zahl durch 9 und erhalte 6.

> Ich ziehe von meiner Zahl 6 ab und erhalte 54.

> Ich nehme 6 mal 9 und erhalte meine gesuchte Zahl.

$$\underline{\qquad} : 9 = 6$$

$$6 \cdot 9 = \underline{\qquad}$$

$$\underline{\qquad} \cdot 6 = 54$$

$$\underline{\qquad} - 6 = 54$$

4 Schreibe das Zahlenrätsel in die Platzhalter und löse.

Ich zähle zu 36 die Zahl 18, teile das Ergebnis dann durch 6 und ziehe davon 6 ab.

Meine Zahl heißt _____ .

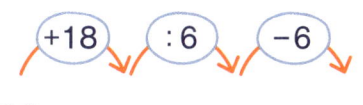

36 _____ _____ _____

Ich ziehe von 66 die Zahl 22 ab und halbiere das Ergebnis. Dazu zähle ich 8.

Meine Zahl heißt _____ .

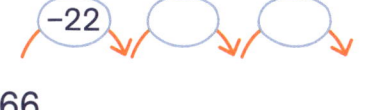

66 _____ _____ _____

Ich denke mir eine Zahl. Ich halbiere diese Zahl und ziehe 25 ab. Dann teile ich das Ergebnis durch 5 und erhalte 5.

Meine Zahl heißt _____ .

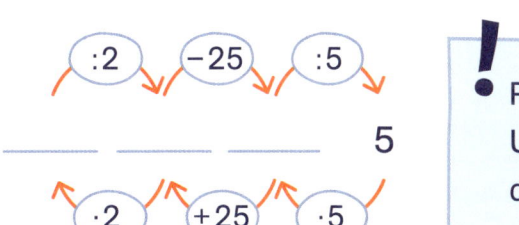

_____ _____ _____ 5

! • Rechne die Umkehr- aufgabe.

Zahlenrätsel

5 Auf dem Pausenhof stellen sich die Kinder aus der Klasse 2 c Rätsel. Hilf den Kindern beim Ausrechnen. Löse in deinem Heft.

Theresa denkt sich für Julian 3 Zahlen aus. Alle 3 Zahlen zusammen ergeben 50. Die erste Zahl ist die Hälfte von allen Zahlen zusammen. Die zweite Zahl ist um 20 kleiner als die erste. Wie heißen die ausgedachten Zahlen von Theresa?

Julian sagt zu Theresa: „Jetzt habe ich ein Rätsel mit 3 Zahlen für dich! Alle 3 Zahlen zusammen ergeben auch bei mir 50. Die erste Zahl ist das Doppelte von 3. Die zweite Zahl ist viermal so groß wie die erste. Na, Theresa, wie heißt meine dritte Zahl?"

Tom kommt hinzu und stellt folgendes Rätsel: „Wenn ich zu meiner Zahl 44 dazuzähle, erhalte ich die größte zweistellige Zahl."

„Versuch doch mal mein Rätsel zu lösen", schaltet sich Kerstin ein. „Ich denke mir 2 Zahlen. Wenn ich die kleinere Zahl von der größeren abziehe, erhalte ich 1. Wenn ich beide miteinander malnehme, erhalte ich 30. Ganz schön knifflig, was? Probiere doch einfach aus, welche Zahlen passen!"

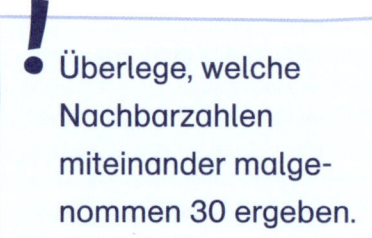

!
- Überlege, welche Nachbarzahlen miteinander malgenommen 30 ergeben.

1 Male in die Kästchen und finde heraus, wie viele Möglichkeiten es gibt!

Heute dürfen die Kinder der Klasse 2 b Laternen für die Nacht-
wanderung basteln. Die Kinder können zwischen einer runden
und einer länglichen Form wählen. Als Farben stehen Grün, Gelb
und Blau zur Auswahl. Jedes Kind darf dann noch entscheiden,
ob es eine Glühbirne oder eine Kerze als Beleuchtung haben möchte.

F: Wie viele Möglichkeiten haben die Kinder, unterschiedliche
Laternen zu basteln?

Zeichnung:

A: Die Kinder haben _____ Möglichkeiten, ihre Laterne zu basteln.

Kombinatorik

2 Male in die Kästchen und rechne aus, wie viele Möglichkeiten es gibt. Achte darauf, dass nichts doppelt vorkommt.

Im Kinderorchester „Flotte Töne" spielen die Kinder folgende Instrumente: Flöte, Gitarre, Trommel, Trompete und Kontrabass.
Herr Schlegel, der Dirigent, sagt: „Immer zwei Kinder mit verschiedenen Instrumenten üben jetzt zusammen!" Wie viele Möglichkeiten gibt es, Gruppen zu bilden?

Zeichnung:

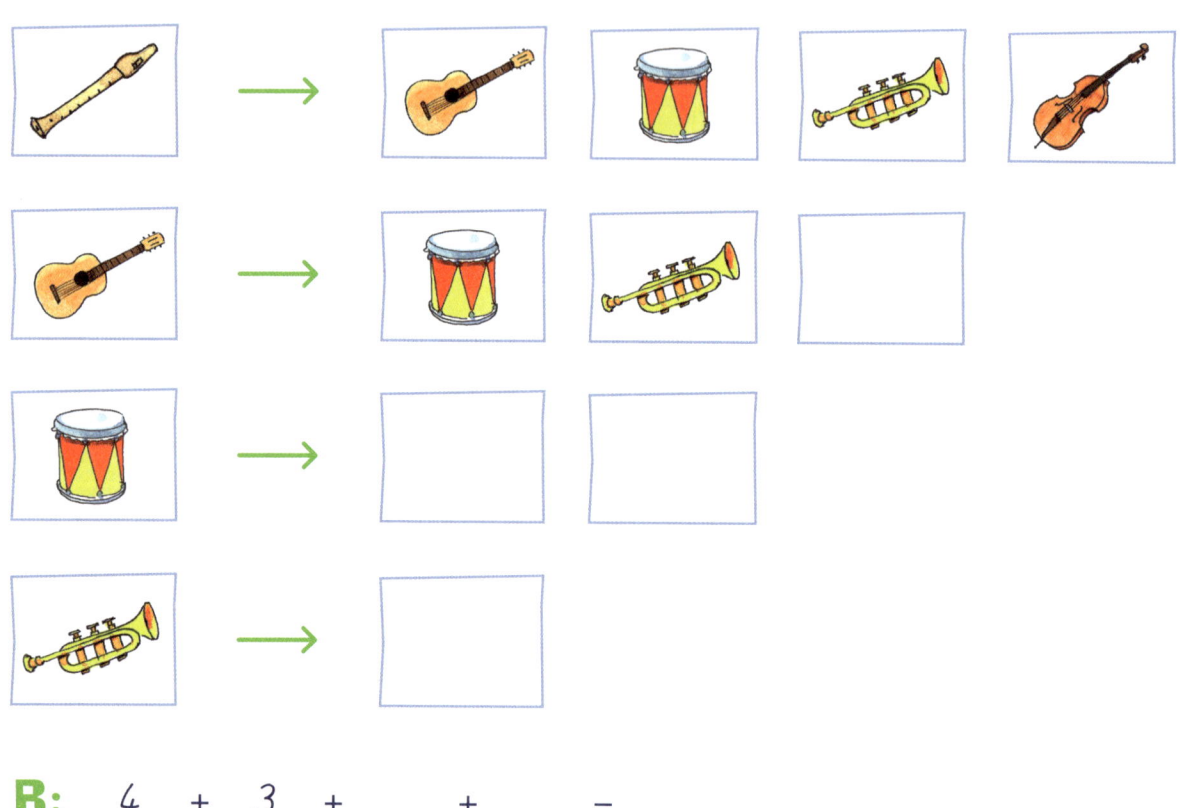

R: ___4___ + ___3___ + _____ + _____ = _____

A: Die Kinder haben _____ Möglichkeiten, Gruppen zu bilden.

42

Seite 4

1 Diese Antworten kreuzt du an: in die Eisdiele, 2a, am letzten Schultag vor den Sommerferien, 24 Kugeln, 2 Kugeln.

Seite 5

1 Beide Aufgaben sind lösbar.

2 Diese Fragen kannst du beantworten: Wie viele Spielfahrzeuge besitzt Ben? Wie viele Reifen haben alle Fahrzeuge zusammen?

Seite 6

1 **+** plus   **·** mal
   – minus   **:** geteilt

2 **+** (plus): alle zusammen, das Doppelte von, kommen hinzu, fliegen dazu
   – (minus): hat weniger als, steigen aus, ist kleiner als, die Hälfte von
   · (mal): das Doppelte von
   : (geteilt): die Hälfte von

3 15, 14, +
   2, 3, ·
   28, 4, :
   18, 6, –

Seite 7

2 ~~Im Vorratskeller der Hexe befinden sich 3 Regale mit Zaubertränken.~~ Im ersten Regal stehen 8 Zaubertrankgläser. ~~Davon sind 3 grün, 5 blau und keines rot.~~ Im zweiten Regal stehen 6 Zaubertrankgläser ~~und es krabbeln 5 Vogelspinnen darin herum.~~ Im dritten Regal befinden sich ~~2 Ratten, 1 Totenkopf und~~ 3 Zaubertrankgläser.

3 R: 8 + 6 + 3 = 17
   A: Die Hexe besitzt insgesamt **17** Zaubertrankgläser.

Seite 8

1 Diese Angaben setzt du ein: 7.30 Uhr, 30 min, 12 Jahre, Afrika, 2 m, 1,50 €, 30 ct, 12, 4,5 cm.

Seite 9

1 Bei der zweiten Frage musst du rechnen.

2 F: Wie viele Katzen fressen jetzt aus ihren Näpfen? (oder: Wie viele Katzen sind es insgesamt?)
   F: Wie viel kostet der Eintritt? (oder: Wie viel muss Herr Beier bezahlen?)

Seite 10

1 **Oles** Aufgabe: 8 + 6 = **14**
   Es fielen **14** Tore.

   Fannis Aufgabe: 14 – 6 = **8**
   Es sind noch **8** Fans im Zug.

Franziskas Aufgabe: 2 · 7 = **14**
Sie hat **14** Bilder.

Seite 11

1 F: Wie viele Fische sind es insgesamt?
   R: 27 + 13 = 40
   A: Es sind insgesamt 40 Fische.

   F: Wie viel kostet das Becken?
   R: 99 € – 20 € = 79 €
   A: Das Becken kostet 79 €.

Seite 12

1

R: 7 – 4 = 3
A: Es bleiben **3** Würstchen übrig.

R: 4 + 4 = 8   4 + 8 = 12   15 – 12 = 3
A: Im rechten Regal stehen 3 Bücher.

Seite 13

1

Bücherei	Zoo	Burg	Museum	Wald
II	III	IIII	III	IIII

A: 3 Kinder möchten ins Museum gehen.

   R: 4 + 4 = 8
   A: 8 Kinder möchten am liebsten in den Wald oder zur Burg.

Seite 14

2 Schwieriger Hang, 16

3 Die zweite und die letzte Aussage stimmen.

Seite 16

1 R: 42 + 15 = 57
   A: Insgesamt sind **57** Fledermäuse ausgeflogen.

   R: 75 – 35 = 40
   A: Ignazia hat für sich selbst noch **40** Fliegen.

Seite 17

2 R: 27 + 31 = 58
   A: Zusammen sind das 58 Nüsse.

   R: 58 – 9 = 49
   A: Jetzt hat es noch 49 Nüsse.

3 F: Wie viele Sticker hatte Vanessa vorher?
   R: ? + 15 = 66
     66 – 15 = 51
   A: Vanessa hatte vorher **51** Sticker.

Seite 18

4 R: 48 – 16 = 32
   A: Im Garten von Gartenzwerg Ferdinand blühen 32 Sonnenblumen.

Lösungen

R: Sandra: 8 + 6 + 5 + 7 = 26
　　Finn: 7 + 3 + 5 + 9 = 24
A: Sandra gewinnt.

R: 21 + 17 = 38
A: Theo hat insgesamt 38 Steine ausgegraben.

R: 21 + 48 + 6 = 75
　　100 − 75 = 25
A: 25 Federn sind grün.

Seite 19

5 F: Wie viele Käsestücke stibitzen die Mäuse?
R: 23 + 47 + 13 = 83
A: Die Mäuse stibitzen 83 Stück Käse.

F: Wie viele fliegende Teppiche sind noch
　　sauber?
R: 87 − 53 = 34
A: 34 fliegende Teppiche sind noch sauber.

F: Wie viele Tierchen sind jetzt bei Herrn Pfister?
R: 26 + 41 + 32 = 99
　　99 − ? = 78　　99 − 78 = 21
A: 21 Tierchen sind jetzt bei Herrn Pfister.

F: Wie viele Muscheln haben Anna und Tom
　　noch?
R: 43 + 36 = 79
　　79 − 25 = 54
A: Anna und Tom haben noch 54 Muscheln.

F: Wie viele Schuhpaare sind das insgesamt?
R: 25 + 19 + 37 = 81
A: Das sind insgesamt 81 Paar Schuhe.

F: Wie viele CDs besitzt Maria insgesamt?
R: 34 + 8 + 16 = 58
A: Maria besitzt insgesamt 58 CDs.

Seite 20

1

R: 10 + 10 + 10 + 10 + 10 + 10 + 10 = 70
　　7 · 10 = 70
A: Liesl hat 70 Eier verkauft.

R: 20 : 5 = 4
A: Die Bäuerin braucht 4 Körbe für ihre
　　Katzenbabys.

Seite 21

2 **R:** 15 : 5 = 3
A: Jedes Kind bekommt 3 Luftballons.
3 **R:** 25 : 5 = 5
A: Jedes Kind bekommt 5 Mini-Schokoküsse.

R: 10 : 5 = 2
A: Jedes Kind darf 2 Kerzen anzünden.

Seite 22

1 Der Eintritt kostet **14** €.
　Er hat **8** Bälle.

2

R: 6 · 8 = 48
A: Alle Spinnen zusammen haben 48 Beine.

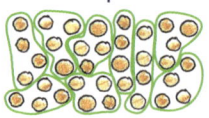

R: 36 : 4 = 9
A: Es gibt 9 Ratten in der Höhle.

Seite 23

3 **R:** 80 : 8 = 10
A: Lars braucht 10 Tage.

R: 8 · 4 = 32
A: Herr Lindner hängt 32 Lebkuchenherzen auf.

R: 20 + 16 = 36
　　36 : 4 = 9
A: Jedes Kind bekommt 9 Aufkleber.

R: 9 · 4 = 36
A: Es fahren 36 Personen Tretboot.

R: 56 : 8 = 7
A: Jedes Kind kann 7 Schmucksteine auf seine
　　Kette fädeln.

Seite 24

1 **R:** 8 · 2 = 16
A: Alex verschenkt **16** Flieger.

R: 16 : 8 = 2
A: Alex hatte **2** Packungen Spielzeugflieger.
2 **R:** 3 · 7 = 21
A: Felix muss noch 21 Tage auf seine Feier
　　warten.

R: Die Hälfte von 24 ist 12.
　　12 : 3 = 4
A: Jeder Freund bekommt 4 Erdbeeren.

Seite 25

1

R: 18 : 4 = ?
　　16 : 4 = 4
　　18 : 4 = 4 R 2
A: Frau Flora kann **4** Kränze binden.
　　Es bleiben **2** Kerzen übrig.
2 **R:** 46 : 6 = 7 R 4
A: Frau Flora kann **7** Geschenkkartons füllen.
　　4 Seifen bleiben übrig.

Seite 26

3 F: Wie viele Sonnenblumen kann Sabrina basteln und wie viele Käfer bleiben übrig?
R: 16 : 3 = 5 R 1
A: Sabrina kann 5 Sonnenblumen basteln. 1 Käfer bleibt übrig.

F: Wie viele Gondeln brauchen die Kinder, damit alle Kinder fahren können?
R: 13 : 2 = 6 R 1
A: Die Kinder brauchen 7 Gondeln. 1 Kind fährt alleine.

F: Wie viele Bonbons bekommt jedes Kind und wie viele bleiben übrig?
R: 32 : 10 = 3 R 2
A: Jedes Kind bekommt 3 Bonbons. 2 Bonbons bleiben übrig.

F: Auf wie vielen Ästen sitzen die Vögel bei ihrem Konzert?
R: 27 : 5 = 5 R 2
A: Auf 5 Ästen sitzen je 5 Vögel, auf einem Ast sitzen nur 2 Vögel. Die Vögel sitzen insgesamt auf 6 Ästen.

F: Wie viele Runden gehen die Ponys?
R: 35 : 4 = 8 R 3
A: Die Ponys gehen 8 Runden mit je 4 Kindern. Die letzte Runde gehen sie nur mit 3 Kindern. Die Ponys gehen also insgesamt 9 Runden.

F: Wie viele Beutel kann er füllen und wie viele Äpfel kann er dann noch einzeln verkaufen?
R: 57 : 6 = 9 R 3
A: Er kann 9 Beutel füllen und 3 Äpfel einzeln verkaufen.

F: Wie viele Reihen kann Botanica setzen und wie viele Zwiebeln bleiben übrig?
R: 70 : 8 = 8 R 6
A: Botanica kann 8 Reihen setzen und hat 6 Zwiebeln übrig.

Seite 27

1

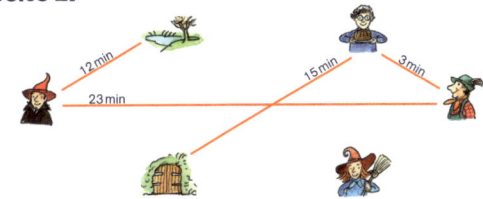

R: 15 min + 3 min + 23 min + 12 min = 53 min
A: Der Räuber läuft **53** min bis zum Weiher.

R: 53 min + 17 min + 11 min = 81 min
81 min = 1 h 21 min
A: Er ist heute insgesamt 1 h 21 min unterwegs.

Seite 28

2 R: 16.30 Uhr $\rightarrow$ + 30 min $\rightarrow$ 17.00 Uhr

17.00 Uhr $\rightarrow$ + 25 min $\rightarrow$ 17.25 Uhr
30 min + 25 min = 55 min
A: Das Training dauert 55 min.

R: 14.30 Uhr $\rightarrow$ + 30 min $\rightarrow$ 15.00 Uhr
15.00 Uhr $\rightarrow$ + 60 min $\rightarrow$ 16.00 Uhr
A: Die Chorstunde ist um 16 Uhr zu Ende.

R: 15.40 Uhr $\rightarrow$ + 20 min $\rightarrow$ 16.00 Uhr
A: Das Training beginnt um 16.00 Uhr.

R: 14.50 Uhr $\rightarrow$ + 10 min $\rightarrow$ 15.00 Uhr
A: Es war 14.50 Uhr, als Lina losging.

R: 60 min + 15 min + 15 min = 90 min
90 min = 1 h 30 min
A: Natascha ist 1 h 30 min von zu Hause weg.

R: 17.15 Uhr $\rightarrow$ + 45 min $\rightarrow$ 18.00 Uhr
A: Der Unterricht beginnt für Dennis um 17.15 Uhr.

Seite 29

1 F: Wie viel muss er bezahlen?
R: 11 € + 4 € + 1,50 € = 16,50 €
A: Der Waldzwerg muss 16,50 € bezahlen.

F: Wie viel Geld bekommt er zurück?
R: 2 € + 15 € + 1 € = 18 €
50 € − 18 € = 32 €
A: Der Waldzwerg bekommt 32 € zurück.

Seite 30

2 Das sind einige Möglichkeiten:
45 € + 9 € = 54 €
38 € + 15 € = 53 €
27 € + 15 € + 9 € = 51 €
15 € + 9 € + 7 € = 31 €
3 R: 5 · 2 € = 10 €
A: Ein Fahrschein kostet 10 €.

R: 3 · 3 € = 9 €
9 € + 10 € = 19 €
A: Die drei Kinder bezahlen zusammen 19 €.

Seite 31

1 R: Hinkebein: 17 m + 23 m = 40 m
Rosalie: 12 m + 21 m = 33 m
Glitzerstern: 18 m + 9 m = 27 m
Sandoria: 23 m + 16 m = 39 m
Katinka: 20 m + 24 m = 44 m
A: Hexe Katinka war die Siegerin.

Seite 32

2 R: 20 m + 20 m + 20 m + 20 m + 20 m = 100 m
(oder: 20 m · 5 = 100 m)
A: Benjamin rutscht insgesamt 100 m.

R: 40 cm = 0,40 m
2,80 m + 0,40 m = 3,20 m
A: Tobias springt 3,20 m weit.

Lösungen

R: 8 m 60 cm + _____ = 9 m 40 cm
8 m 60 cm + **40 cm** = 9 m
9 m + **40 cm** = 9 m 40 cm
40 cm + 40 cm = 80 cm
A: Die Drachenmama spuckt 80 cm höher.

R: 2,60 m + 3,20 m = 5,80 m
A: Bora hat 5,80 m zurückgelegt.

R: 7 · 9 m = 63 m
A: Pinguin Anton ist 63 m geschwommen.

Seite 33

1 R: 6 € + 8 € = 14 €
14 € – 5 € = 9 €   9 € : 3 = 3 €
A: Jedes Kind hat **3** € übrig.

2 R: roter Stift: 13 cm
blauer Stift: 13 cm + 3 cm = 16 cm
grüner Stift: 16 cm : 2 = 8 cm
gelber Stift: 13 cm – 2 cm = 11 cm
A: Der rote Stift ist **13** cm, der blaue **16** cm,
der grüne **8** cm und der gelbe **11** cm lang.

Seite 34

3 R: 🧁 5,00 € : 5 = 1,00 €

🧁 0,70 € : 1 = 0,70 €

🧁 1,60 € : 2 = 0,80 €

A: 🧁

4 R: 29 : 9 = 3 R 2
A: Die Kinder brauchen 4 Gondeln.

Seite 35

5 R: 3 · 8 € = 24 €
6 · 2 € = 12 €
24 € + 12 € = 36 €
A: Herr Klapper gibt **36** € aus.

6 R: 15 € + 20 € = 35 €
A: Tim kann sich das Segelschiff kaufen.

Seite 36

7 R: 42 : 6 = 7
A: Es sind 7 Waggons besetzt.

R: 7 + 3 + 6 = 16
16 – 4 = 12
A: Im Schwimmbecken befinden sich nun
12 Kinder.

R: 21 € + 7 € = 28 €
28 € – 10 € = 18 €
18 € : 2 = 9 €
A: Jedes Kind bezahlt 9 €.

R: 53 € – 5 € = 48 €
48 € : 6 = 8 €
A: Jedes Kind bekommt 8 €.

Seite 37

8 R: 23 + 1 = 24
24 : 8 = 3
A: Die Lehrerin kauft 3 Packungen.

R: 20 : 5 = 4
35 : 5 = 7
A: Emma hat 5 Gäste.

R: 8 · 2 m = 16 m
6 · 3 m = 18 m
A: Die Tischreihe für Kuchen und Getränke ist
länger.

R: 2 Katzen haben 8 Beine.
28 – 8 = 20
20 Beine haben die Hühner.
20 : 2 = 10
A: Bauer Gerhard hat 10 Hühner.

Seite 38

1 ? + 36 = 58
? – 25 = 28
? · 7 = 35
? : 3 – 5 = 4

2 Wenn ich zu meiner Zahl **26 dazuzähle,
erhalte ich 88.**
Wenn ich von meiner Zahl **7 abziehe,
erhalte ich das Doppelte von 3.**

Seite 39

3

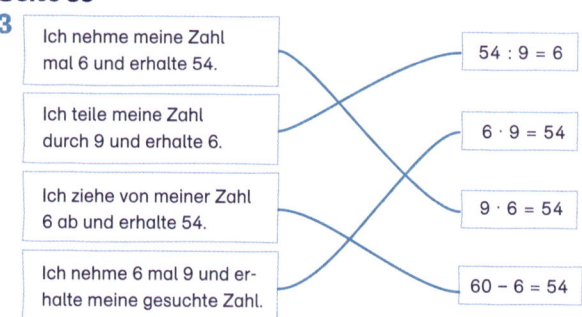

4

+18   :6   –6
36   54   9   3
Meine Zahl heißt **3**.

–22   :2   +8
66   44   22   30
Meine Zahl heißt **30**.

:2   –25   :5
100   50   25   5
·2   +25   ·5
Meine Zahl heißt **100**.

Seite 40

5 Erste Zahl: „die Hälfte von allen Zahlen"
50 : 2 = 25
Zweite Zahl: „um 20 kleiner als die erste"
25 – 20 = 5
Dritte Zahl: 50 – 25 – 5 = 20
Theresas Zahlen heißen 25, 5 und 20.
Das ergibt zusammen 50.

Erste Zahl: „das Doppelte von 3"
2 · 3 = 6
Zweite Zahl: „viermal so groß wie die erste"
4 · 6 = 24
Dritte Zahl: 50 − 6 − 24 = 20
Julians dritte Zahl heißt 20.

Die größte zweistellige Zahl ist 99.
55 + 44 = 99
Toms Zahl heißt 55.

6 − 5 = 1   6 · 5 = 30
Kerstins Zahlen heißen 5 und 6.

Seite 41

1

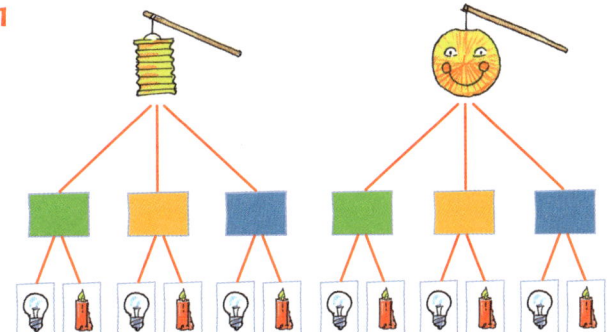

A: Die Kinder haben **12** Möglichkeiten, ihre
Laterne zu basteln.

Seite 42

2

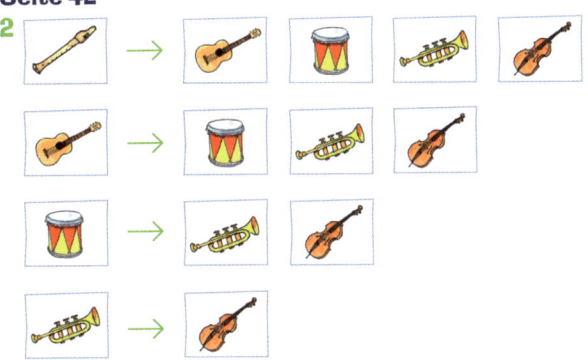

R: 4 + 3 + 2 + 1 = 10
A: Die Kinder haben **10** Möglichkeiten,
Gruppen zu bilden.